Egoterapi
mod
Evolutionsdepression
af
Kjeld Reby Løren

Når livet gør så ondt, at du udvikler en
depression,
så skal du have hjælp.
Og hjælpen er nærmere, end du tror.

Du kan også hjælpes til at undgå en depression.

Af samme forfatter er tidligere udkommet:
- Keglebillard – et håndværk
- En læreplads som keglebillardspiller
- Hæfteserien Jeg vil lære! (p.t. 10 undervisningshæfter om keglebillard og idrætspsykologi)
- Videnssamfund? Nej tak? Eller ja tak!

ISBN   978-87-7145-509-0
Sats   Times New Roman
Forlag   Books on Demand GmbH, København, Danmark
Fremstilling Books on Demand GmbH, Norderstedt, Tyskland

Ellinge lyng maj 2013.

Denne bog er tilegnet alle de mennesker, som direkte eller indirekte har tæt kontakt til en evolutionsdepression. De har alle, som det mindste, fortjent denne bog.

Først og fremmest er den skrevet som en opfølgning på et terapiforløb. Når du har været igennem din tid med en terapeut, så er du i stand til at klare dit eget liv helt på egen hånd. Men hvis du skulle have glemt noget, eller du får brug for at genopfriske din viden, så kan du selv klare det med denne bog i hånden. Den viden, som du har fået, er en værdifuld kompetence. Den bliver dog kun ved med at være værdifuld, hvis den bruges regelmæssigt. Den kan dog altid genopfriskes.

Jeg har gennem flere årtier arbejdet for opnåelse af indsigt og forståelse af depression og psyken. Dette arbejde er udført, fordi jeg krævede at blive rask. Jeg krævede et godt liv med mig selv og mine medmennesker. Det har jeg fået nu.

Jeg vil give en stor tak til psykiater Christina Ostwald for hendes hjælp til så hurtigt at komme frem til erkendelsen af, at alkohol ikke mere har en plads i mit liv.

Indhold

Indledning

Jeg vil starte med at sige velkommen til dig. Jeg er rigtig glad for, at du kontaktede mig.
Som du snart vil se og forstå, har du allerede taget det første, vigtige skridt til at få det bedre. Ja faktisk til at blive helbredt.
Du har vist din vilje til at drage omsorg for dig selv. Det er her, det hele starter. Det er faktisk også her det hele ender. Det er det, der slipper dig ud af dit fængsel til positivt samvær med dig selv og med andre mennesker.

Men først og fremmest: *"Det vil give dig et positivt samvær med dig selv"!*

Jeg vil hjælpe dig med al min viden, erfaring og energi på din vej frem mod et liv du vil have glæde af. Der vil komme en glæde, som rent udspringer af dig selv, og som er fast forankret i, hvem du er.

Jeg har selv siddet i det samme fængsel som du. Jeg har faktisk "siddet inde" i omkring 65 år. Det er en meget lang og hård straf, for den ene forseelse det er at være et menneske. Jeg er endelig kommet ud i friheden. Og jeg glæder mig hver dag.

Den frihed skal du også have lov til at opleve, mærke og føle.

Gå derfor roligt i gang med denne proces, som er Egoterapi. Du skal hverken omvendes eller "frelses". Der er nemlig intet galt med dig selv eller dit værd som menneske. Men selvfølgelig er der noget galt, når det gør så ondt.

Når du læser denne bog, vil jeg bede dig gøre det med omhu. Du må ikke læse den som en roman, for det er det ikke. Læs langsomt. Læs små stykker ad gangen. Stop op og tag det ind, som du lige har læst. Gør dig dine egne tanker om det, jeg fortæller dig. Tag fat i dine egne følelser og reaktioner på det læste stof.

Du har brugt så lang tid på at udvikle din depression, og lang tid på at være i en depressionstilstand, så det er også værd at bruge tid på at tage det ind, som hjælper dig ud af depressionen igen.

Endnu en gang: Velkommen!

Depression! Hvad taler du om?

Ja – hvad taler jeg om? Eller rettere hvad har jeg talt om? Helt klart – jeg har talt om din depression.

Jeg har nærmere bestemt talt om en særlig depression. Jeg er ikke ekspert på det brede spektrum af depressioner, som mennesker kan komme til at lide af. På min egen grove måde deler jeg depressioner i to typer:

- **Hændelsesdepression**
- **Evolutionsdepression**

Lad mig starte med det, jeg ikke har behandlet:

Hændelsesdepression

Herved forstår jeg en depression, som er følgen af en traumatisk hændelse for en person.
Der kan være mange årsager til, at en given hændelse føles traumatisk. Den samme hændelse vil ikke nødvendigvis udløse en depression hos alle mennesker. Heldigvis. Jeg kende som sagt ikke dem alle. Langt fra. Men her er nogle, som du måske selv kender.

1. **Fødselsdepression**
   Jeg forstår ikke denne depression fuldt ud. Jeg har simpelt hen ikke sat mig nok ind i dette. Jeg ved dog, at en fødsel kan give en nybagt mor en alvorlig

depression. Jeg kan tænke mig forskellige årsager til dette.
Der kan være tale om en manglende parathed til at påtage sig det store, nye ansvar for et nyt lille menneske. En tvivl på egne evner. Er dette ikke også en mindreværdsfølelse?
Eller en skyldbevidst uvilje mod at skulle påtage sig ansvaret. Det kan igen have flere årsager.
Graviditet og fødsel kom på et uventet, eller ubelejligst tidspunkt.
Men jeg ved som sagt ikke nok om dette.

2. Tabsdepression

Et menneske, der udsættes for et voldsomt tab, kan udvikle en depression. Igen – jeg ved ikke nok om det til at give dig en fyldestgørende forklaring.
Dødsfald er et tab, som kan udvikle depression. Jo nærmere knyttet man er til den afdøde, jo mere sandsynligt er det, at en depression kan udvikles.
For mig forekommer eget barns død som det alvorligste. Men også det mest forståelige som en depressionsårsag. Da vi alle er forskellige, er dette også individuelt.
Et uventet tab af egen virksomhed. Måske oven i købet efter en hård kamp for virksomhedens overlevelse på egne hænder.
Tab af arbejde og/eller arbejdsevne.
Tab af økonomisk eksistensgrundlag.
Du kender sikkert flere typer af alvorlige tab.

3. **Ulykkesdepression**
   Det er i dag velkendt, at en udsættelse for et alvorligt
   ulykkestilfælde kan udvikle en depression. Særligt
   udsatte er de, som har været tæt på at miste livet.
   Hvorfor det sker, ved jeg ikke. Men jeg har selv prøvet
   det på krop og sjæl.

Evolutionsdepression

Eller udviklingsdepression. Det er den depressionsform, som
denne bog handler om.
Hvad forstår jeg så ved dette besværlige, lange ord?

Her er tale om en depression, som bryder frem uden
umiddelbar forståelig årsag. Du oplever blot, at du er
deprimeret. Formentlig har du gennem lang tid, måske flere år,
ofte været "ked af det" uden at kunne forklare hvorfor. Sådan
har jeg i hvert fald selv oplevet min egen situation.

På et tidspunkt bliver du permanent "ked af det". Endda mere
og mere. Til sidt er depressionen brudt ud i lys lue. Der er dog
ikke tale om en "lys lue" men om konstante, truende, mørke
skyer. De hænger over dig. De omgiver dig. De kapsler dig
inde. Nu er du så langt ude, som et menneske kan komme i en
depression.

Egoterapi

I min senere omtale af terapiformer har jeg ikke omtalt Egoterapi. Det skyldes ene og alene, at jeg endnu ikke har fået denne terapiform "blåstemplet" af det eksisterende behandlersystem. Men det kommer nok. Alt nyt vil møde modstand fra det etablerede samfund. Ofte med "Janteloven" som det vigtigste våben mod forandring. Det tager jeg ganske roligt. Det skal du også gøre. For jeg ved, at det virker. Jeg har selv taget "medicinen". Derfor ved jeg, at det virker. Men – hvad er det så?

Egoterapi betyder: **"At helbrede sig selv"**!

Det går i korthed ud på at gøre dig selv i stand til at helbrede din depression uden hjælp fra andre.
Dette sker gennem:

- Forklaring på hvem du er med hensyn til din depression.
- Forklaring på hvordan du er sat psykisk sammen i samspil med din depression.
- Forklaring på hvad der har forårsaget din depression.
- Forklaring på hvorledes du helbreder din egen depression.
- Forklaring på hvorfor du ikke kan få et tilbagefald.

Egoterapiens formål er at <u>helbrede</u> dig, så du <u>aldrig mere</u> kan løbe ind i <u>denne form for depression</u> (evolutionsdepression).

Egoterapi kolliderer ikke med andre terapiformer. Du kan sagtens modtage anden form for terapi samtidig med at du er i Egoterapi. Egoterapi vil blot støtte øvrige terapiformer.

Du kan starte dit eget terapiforløb hjemme i din egen stue, når du har tilegnet dig den viden, som denne bog giver. Dette er *ikke* et salgsargument for bogen. Men du kan jo ikke bygge en modelflyver uden materialer, arbejdstegning og byggevejledning. Sådan er det også med Egoterapi. Du må vide og forstå *hvordan og hvorfor*.

Hvis du er så heldig ikke at være ramt af en depression, men lever sammen med, eller kender, en, der lider af en evolutionsdepression, så kan du have stor nytte af denne bog. Det vil give dig en større forståelse for, hvordan du kan leve sammen med en depression. Du vil også forstå, hvad du kan gøre for at mindske den andens depression. Lige så vigtigt er det, at du vil forstå, hvad det er du gør, som fastholder eller forværrer den andens depression.

Jeg har lige erfaret, at WHO regner depression som den fjerde mest udbredte sygdom i verden. Det giver stof til eftertanke.

Forberedelse

Du kan betragte din oplevelse her som en rejse. Fysisk skal du ingen steder. Psykisk skal du ud på en lang tur. Så du kan rent fysisk blive boende, hvor du bor. Hvis det er det, du vil.

Psykisk kommer du derimod aldrig tilbage til, hvor du er nu. Det er jo hele formålet med din indsats. Din sjæl gør ondt. Den bor et skidt sted. Den er fanget. Den vil gerne være fri.

Når du skal ud på en længere rejse, for eksempel på ferie, så gør du en del forberedelser. Dette er for at sikre en god ferieoplevelse. Du gør en indsats for, at din ferietur kun vil give dig gode oplevelser. Så vidt det er dig muligt at forberede og planlægge. Det samme skal du gøre nu.

Det er dog en del nemmere her.

Først og fremmest skal du sidde godt. Du skal kunne holde ud at sidde stille og roligt medens du læser og reflekterer.
Dernæst skal du sørge for, at du har noget at drikke lige ved hånden. "Lige ved hånden" skal tages helt bogstaveligt. Du skal kunne nå dine drikkevarer blot ved at række armen ud efter dem.
Hvis du er ryger, så sørg for at du også er forsynet på det punkt.
Mærk efter, om du har behov for et toiletbesøg, inden du starter.
Fortæl din omverden, at lige nu vil du ikke forstyrres.

Fortæl dig selv, at du ikke vil forstyrres. Vasketøjskuven og den snavsede tallerken må simpelt hen vente, til du er klar.

Har du nu styr på dine "rejseforberedelser"? Godt – så starter vi.

Jeg skal bede dig om at tømme dit hoved for tanker. Det kan man selvfølgelig ikke, men du kan gøre noget der er bedre.

Tænk på, at du ligger på stranden på en dejlig sommerdag. Du har lagt dig på et tæppe blandt klitterne, der stritter af marehalm. Du kan høre den svage vind rasle i marehalmen. Mest tydeligt hører du havets sagte skvulpen mod strandbredden. Ganske svagt hører du lyden af glade, legende barnestemmer. Et par måger fortæller dig, at de også er her, og at de har det godt. Den lune vind stryger nænsomt over dit ansigt. Du kunne nemt falde i søvn her. Men – det skal du ikke. Du skal "lytte", føle og tænke rart. Nu er du klar.

Det gør ondt

Jeg ved at det gør ondt. Af og til gør det så ondt, du næsten vil gøre hvad som helst for at slippe for smerten. Næsten hvad som helt. Ja – selv det sidste du ville komme til at gøre i dit liv.

Så uudholdelig er den form for smerte. Smerten i sjælen. Den værste af alle smerter.

Søvn

I de perioder, hvor smerten nok er ubehagelig, men ikke på sit højeste, der kommer alt det andet, der gør ondt. Din gru for dagen der skal overleves, kan mange dage få dig til at blive i din seng alt for længe. Bare sove. Søvnen er en god flugt fra smerten. En flugt fra din konfrontation med den uudholdelige virkelighed. En del af din søvn er god. Både din krop og din hjerne har brug for søvn. Du skal lade op til de kommende aktiviteter.

Men den søvn, der ikke er dikteret af kroppens og hjernens naturlige behov, den gør skade på dig. Den søvn, der er en flugt, sårer din sjæl yderligere. Disse sår kommer af, at du er smerteligt bevidst omkring søvnens tyveri af din kostbare tid. Du kan næsten mærke det som piskeslag på din sårede sjæl. Jo mere du sover, jo mere ondt gør det.

Passivitet

Selv om du er vågen, så laver du ikke rigtig noget. Selvfølgelig laver du noget. Du laver bare ikke det, du gerne ville lave. Eller det du ville ønske, at du havde energi og overskud til at lave.

Det skal ikke få dig til at føle dig anderledes eller forkert. Eller ikke god nok. Der hvor du er lige nu, er det helt i orden. Det er rent faktisk normalt, at du er passiv. Dine aktiviteter skal være et resultat af lyst. Lige nu har du ingen lyst. Dermed mener jeg en lyst, der er udsprunget af glæde. Det der har lænket dig i sofaen, er din depression. Ikke dovenskab. Ikke ligegyldighed. Ikke sløseri.

Men de aktiviteter, du ikke kommer i gang med, de jager som knivstik i din i forvejen forpinte sjæl. Så når du synes, at du er passiv, så er du i virkeligheden aktivt i gang med at tilføje dig selv flere ubehagelige sår. Hvis du synes, at du burde vaske gulvet i dag, men ikke gør det, så tilføjer denne ikke gjorte aktivitet dig et nyt sår. I dag. Hvis du i morgen igen synes, at du burde vaske gulvet, men alligevel ikke gør det, så tilføjer denne ikke gjorte aktivitet dig et nyt sår. I morgen. Dette fortsætter lige så længe du synes, at du burde vaske gulvet. Det stopper ikke før din følelse af denne "pligt" forsvinder.

Tænk nu på at sådan fungerer det med alle aktiviteter, som du føler for, men ikke får gjort. Selv de mindste. En kaffeplet på bordet. Tandbørstning. Morgenmad, du springer over. Alt, der skal lægges på plads. O.s.v. Du konfronteres med dette i alle dine vågne timer.

Under passivitet ligger også alle de initiativer, som du ikke har overskud til at tage. De sårer din sjæl.

Sociofobi

Dette er din angstbetingede modvilje over for at skulle møde
og være sammen med andre mennesker.
Den gør også ondt. Den gør ekstra ondt, når det drejer sig om
mennesker, som du egentlig gerne vil være sammen med. Den
kan endda ramme samværet med dine børn, når den er aller
værst.

Den har flere sider. Den mest udbredte er din angst for hvad et
andet menneske tænker om dig. Din angst for hvordan et andet
menneske opfatter dig. Angsten for ikke at "begå sig". At gøre
noget forkert. At sige noget forkert. At være forkert klædt på.
At komme for sent. At komme for tidligt.
Så du kommer slet ikke.
Derved sårer du din egen sjæl. De andre kan jo bare sige: "Nå –
pyt"! Men det kan du ikke. Derfor gør det ondt. Fordi det er
dine tanker og følelser om dig selv. Ikke de andres. *Dine* tanker
skaber *dine* følelser.

Ondt nok

Eller – nok om ondt. I din depression er der mange ting der gør
ondt. Der er så mange, at du ikke kan overskue at gøre noget
ved dem. Indtil nu. Der er to områder, som du skal arbejde
med: Selvværd og omsorg. Heri ligger både årsag og løsning.
Helbredelse, om du vil.

Nu skal vi se nærmere på, hvem du er.

Hvem er du

Alvorlig, livstruende depression kan ramme næsten alle
mennesker. Du er derfor ikke anderledes, fordi du har en
depression. Depressioner kender intet til køn, alder, social
status, race, religion, nationalitet o.s.v. Depressionen rammer
kernemennesket. Den du er, når du står helt alene, nøgen under
bruseren, strippet for alle statussymboler. Den, du virkelig er:
Et menneske.

Krop og sjæl
Det er dette, der gør dig til et menneske.
Kroppen viser, at du tilhører den menneskelige race. Altså ikke
en abe eller noget som helst andet.
Sjælen er mere end et kendetegn ved det at være et menneske.
Sjælen er så tæt på at være fysisk, som noget kan være, uden at
være det. Fordi sjælen, på trods af sin usynlighed, alligevel er
håndgribelig, kan vi også helbrede den. I langt de fleste
tilfælde. Din sjæl kan i hvert fald blive helbredt for den
sygdom, der hedder depression. Heldigvis.

Sind
Mange taler om sindet, som om det var sjælen. Det er det ikke.
Sindet er et begreb for sjælens tilstand. Man kan jo være
ondsindet, glad i sindet, have tungsind, letsind, sorgsind o.s.v.
Sindet er ikke vigtigt i forhold til din depression.
"Sindssyge" er således et begreb, der aldrig skulle have fundet
en plads i vores sprog.
Sindet kan ikke være sygt. Men sjælen kan så sandelig. Det
mærker du hver dag.

Tanke og følelse

Dette er sjælens to hoved-kræfter. Så enkelt er det heldigvis. Lad ingen få lov til at forplumre denne viden for dig. Netop denne enkelhed gør det muligt for dig, at gøre noget holdbart ved din depression.

Din depression er en følelse, der kommer af dine tanker.

Da tanken føder følelsen, skal vi derfor ændre dine tanker. Det er den mest enkle formulering af kuren til din helbredelse. Dermed stopper det enkle.

Den store udfordring for dig (og mig) er: Hvad skal der til, for at ændre dine tanker i den ønskede retning? Det bliver et langt træk. Eller, som jeg sagde i indledningen, en lang rejse. Men; du er klar.

Tilstandsrapport

Jeg vil nu fortælle dig noget om, hvordan det står til med dig. Noget om, hvorfor du er, som du er. Hvorfor du har fået en svær depression. Vil det ikke være rart endelig at få klar besked?

Det hele starter med din mors graviditet med dig. Eller rettere sagt: Med undfangelsen af dig.
Det er præcis på dette tidspunkt, dannelsen af dig som menneske starter. Din far og din mor "smelter" sammen, og bliver til dig. Med dette mener jeg, at din mors og din fars DNA bliver blandet sammen til at udgøre dit eget helt personlige, unikke DNA. Så nu kigger vi på dit DNA.

DNA

Dette er ikke en videnskabelig, tilbundsgående forklaring på et DNA. Blot en forklaring, som belyser en del af din tilstand.

Blandingsforholdet i dit DNA er ikke ligeligt en del af din mors og fars. Det vil i hvert fald være meget sjældent. Dit DNA er en minutiøs "arbejdstegning" og "arbejdsbeskrivelse" til dannelse af dig som menneske. Der er således nøje anvisninger på, hvorledes din krop skal være. Det gælder alt fra hårfarve, øjenfarve, fingeraftryk til dine lemmer og dine organer. Med andre ord: Den totale dannelse af din krop.

Der er også en beskrivelse af din sjæls dannelse. DNA'et giver egenskaberne til din sjæl. En af disse egenskaber i sjælen er

21

selvværdet. Det fejler sjældent noget, når du bliver født.
Heldigvis.
Selvværdet er også dannet med en grad af immunitet over for
angreb. Her ligger grundstenen for din depression. For
nemheds skyld kan du betragte selvværds-immuniteten (jeg vil
kalde det SVIM) som et beskyttende skjold og filter. Det skal
forhindre dårlige påvirkninger i at nedbryde dit selvværd. Det
vil altid tillade gode påvirkninger at trænge igennem. Men –
hvis for mange negative påvirkninger er trængt i gennem,
optager disse noget af den plads, som skulle have været brugt
til de gode påvirkninger.

Du har en lav SVIM værdi. Dette har bevirket, at dit selvværd
er alt for lavt. Dit selvværd er blevet angrebet fra mange
fronter, og du har været let at påvirke negativt. Det har
desværre bevirket, at du nu også angriber dig selv. Ubevidst
indtil nu – formodentligt – men allerede nu ved du mere om
dine egne angreb på dit selvværd. De sår du påfører din sjæl.

Der står du. Det er din tilstand. Det er en væsentlig del af dette,
vi skal arbejde med.
Vi skal gradvist fjerne de negative partikler, så der bliver plads
til de positive.
Samtidig skal vi stoppe strømmen af negative angreb, og
erstatte dem med positive påvirkninger.
Opgavens sværhedsgrad afhænger ikke af din alder, eller dit
selvværds tilstand.
Det er kun opgavens varighed, der er variabel.

Hvad har jeg dog gjort?

Dette er blot et af de mange spørgsmål, du formentligt allerede har stillet dig selv. Sikkert også flere gange. Eller – hvor kunne jeg dog? Eller – hvorfor gjorde jeg dog ikke?

Du har stået undrende over for din egen adfærd. En adfærd, som du i bagklogskabens klare lys kunne se var dårlig. Enten direkte dårlig for dig selv, eller dårlig for en eller flere af dine nære relationer.
Relationer i denne sammenhæng dækker: Børn, ægtefælle, forældre, venner og så videre.

Dette er ikke en kæp, du skal slå dig selv i hovedet med. Der er en helt klar og rimelig forklaring på disse spørgsmål. Det forholder sig således, at du på et vilkårligt tidspunkt i dit liv er i besiddelse af en given mængde kompetencer. Nogle af dine kompetencer er videns og erfarings relaterede. Andre kompetencer er de mere bløde som: Indlevelsesevne, medfølelse, sympati, antipati, moral, normer m.m. Dertil kommer i hvor høj grad du allerede selv var svækket i dit selvværd. Træthed er også en vigtig faktor. Påvirkning gennem kemi som medicin, alkohol og narko kan spille en væsentlig rolle. Der er flere muligheder end dem jeg har nævnt.

Det korte af det lange er, at en konkret adfærd, på et konkret tidspunkt, foretaget af dig, var sådan som du ville/kunne lige på det tidspunkt. *Du kunne ikke andet.* Det er din forklaring. Det har du ikke grund til at undskylde. Hvis du i dag tænker, at du kunne have gjort anderledes, *så tager du fejl!* Du gjorde, som du gjorde, fordi du var, som du var. Dengang. Måske ville du have handlet anderledes, hvis situationen var opstået fem minutter eller en måned senere. **Men det gjorde den ikke!**

Det er derfor en del af din helbredelse fra depression og lavt selvværd at tænke anderledes om disse hændelser. Du skal tænke, og deraf føle, at **du gjorde dit bedste under de givne omstændigheder.** Træk på smilebåndet over dem. Derved fjerner du nogle af de negative partikler fra dit selvværd. I dette tilfælde erstatter du dem oven i købet med nogle positive partikler. De kommer af, at du her igennem har vist omsorg for dig selv. Erkend at du har set hændelsen i øjnene. Smil ad den og sig "Det var den gang"! Så piller du brodden af bien, og kan lade den sidde på din arm eller vifte den væk som uden betydning og helt ufarlig for dig.

Hvorfor gjorde jeg?
Derfor!
Kan du se det?
Kan du føle det?

Mine forældre

Dine forældres andel i dit nuværende problem, din depression, kan ikke understreges nok.

I næsten samtlige svære depressioner har forældrene ubetinget den største rolle, næst efter dig selv, naturligvis. Men din vej ud af depressionen har intet med dine forældre at gøre. Lad dem leve deres eget liv i fred, hvis de da fortsat lever.

For at forstå deres rolle, skal du helt tilbage til din tidligste barndom. Helt tilbage til din første levetid som nyfødt. Her er du uden sprog. Kan ikke engang pludre. Om du kan tænke, er der ingen der ved. Men du kan føle. Du kan føle, når du er fysisk utilpas. Om det er en våd ble, sult, kulde eller noget andet, spiller ingen rolle. Dine fysiske følelser giver dig også en psykisk følelse af ubehag. Du er nu ved at opbygge din sjæl med erfaringer. Din eneste måde at fortælle om dit ubehag på, er gråd.

Så – du græder. Det er nu dine forældres opgave at tolke din reaktion, som et behov. Det er naturligt, at de forsøger at dække dit behov. I starten skal de måske være lidt heldige, for at gætte dit behov. Men gradvist bliver de bedre til det. Det giver ingen mening at lægge dig til brystet, hvis det ikke er sult, du føler. Hvis alt går vel, så får du dækket dit reelle behov. Uden at kende ordet, vil du føle dette som omsorg. Samtidig lærer du at behov, gråd og løsning hører sammen. Det er sikkert en af dine allerførste tanker i livet. Det gør ondt: Så græder jeg, og bliver hjulpet.

Men så godt går det ikke altid. Somme tider forsøger dine forældre at dække et behov, som du IKKE har. Somme tider opdager de ikke, at du har et behov. I værste fald kan de optræde ligeglade med dine behov. Jo grovere deres forseelse er, jo mere skader det din psyke og dit *selvværd.*

Hele din barndom igennem vil du have behov for: **Kærlig omsorg, menneskelig varme** (også i bogstavelig forstand gennem kærtegn) og **anerkendelse** (ros). Fra du begynder at have en bevidsthed, vil du også have et konstant behov for *kærlig* **vejledning.**

Hvis omsorg, varme, anerkendelse og vejledning ikke gives dig i en tilstrækkelig grad, *så opbygges den skade på dit selvværd i din psyke, din sjæl, der ender som en depression.*

Jeg vil sammenfatte overgreb på disse fire, basiske behov som *omsorgssvigt.*

Når du er udsat for et omsorgssvigt, får du besked på, at du ikke er noget værd som menneske.
Denne besked skal du desværre ikke have ret mange gange, før du *føler* at du ikke er noget værd.
Denne følelse er helt naturligt koblet sammen med tanker, der går i samme retning. Og de kommer tidligere i dit liv, end din evne til at udtrykke dig forståeligt. I din psyke, din sjæl, bliver der lagt mere og mere brænde på det bål, der på et tidspunkt bryder ud i lys lue som en svær depression.

Kan du føle, at det er rigtigt, hvad jeg fortæller dig? Kan du genkalde dig situationer fra din barndom, som understøtter det? Kan du allerede nu genkalde dig nogle af dine tidligste følelser og tanker om omsorgssvigt? Jeg tror du kan, selv om det gør ondt. Det skal du ikke tage dig af. Du har jo allerede så ondt, at det ikke kan blive værre.

Hvad du skulle have haft, var den tilstrækkelige omsorg, som du havde krav på. Som du retteligen kunne have forventet. Du skulle have haft den fra dem, der satte dig i verden, og/eller dem der havde ansvaret for dig. Fra alle dem, i hvis varetægt du blev overladt. Og jeg mener **alle.**

De mennesker, der ikke kan opfylde disse krav om omsorg til børn i deres varetægt, skal ikke have det privilegium at omgås børn.

Den omsorg, du skal have fra andre end dine forældre, er naturligvis meget varieret. Hverken din moster eller din lærer i skoler er jo dine forældre. De skal dog alle bidrage til, at du vokser op som et elsket og værdsat menneske.

Men – nu er du jo voksen. Derfor spiller dine forældre ikke denne vigtige rolle mere. Deres del af løbet er kørt. Husk dette: Det skader dig i din nuværende situation, din depression, at bebrejde dine forældre. Kan du se, og føle, at det blot vil være endnu et skadeligt angreb på dit selvværd.

Men din helbredelse vil være afhængig af din evne og vilje til at være *din egen omsorgsfulde forælder.* Jeg skal nok hjælpe

27

dig i gang med denne opgave. Den er faktisk både nem og behagelig for dig. Her gælder regelen: Jo mere, jo oftere, jo bedre.

Kan du huske afsnittet: "Hvorfor gjorde jeg dog"? Dette spørgsmål har dine forældre også stillet sig selv. Kan du også huske svaret? **De gjorde sådan, fordi de ikke evnede at handle anderledes, som de mennesker de var dengang, med de kompetencer de havde.**

Så nu lader vi dine forældre i fred.

Mine børn

Hvis du ikke har børn, eller børn i din varetægt, kan du jo vælge at springe dette afsnit over.
Men du kan også læse det, for at lære noget mere.

Når man har så svær en depression som din, er det ekstra svært at have børn. Du vil sjældent have det nødvendige overskud til, i fuldt omfang, at være en omsorgsfuld forælder. Sådan er det bare. Lige nu. Det skal du ikke være ked af. Det skal du ikke føle noget dårligt omkring. <u>For du er jo som du er, den du er, lige nu.</u> Det bliver snart meget bedre.

Jeg siger ikke, at du skal være lige glad. Men; det er du jo heller ikke. Du bekymrer dig. Så derfor bliver det godt igen for dig at have børn. Du skal starte i det små. Sådan kommer du hurtigst længst.

Når du føler, at du er forkert i forhold til dit barn i <u>en konkret situation</u>, så start med at få styr på dine tanker. Hvad er det helt præcist, du tænker, er forkert? Er det noget du gør? Noget du ikke gør? Noget du gør forkert? Når du har styr på de tanker, der danner dine følelser, vil du se, at en lille ændring i din adfærd helt vil fjerne følelsen af at være forkert. Lige her og nu, hvor du har fat i tankerne og følelserne, så gør det, du føler er det rigtige. For det, du føler er det forkerte, er præcis det modsatte af det, du føler, er det rigtige.

"Det føles forkert, at jeg ikke leger med mit barn lige nu, når det er det, hun har aller mest lyst til eller brug for lige nu"!

Så leg lidt med dit barn. Ikke på automatpilot men med indlevelse i legen og dit barn verden. Du føler jo, at det er rigtigt at lege med dit barn nu. Det giver din sjæl en god oplevelse. Det læger en af skaderne på dit selvværd. Du kan på ærlig vis sige til dig selv: Jeg er noget værd. Så samtidig med at du tog omsorg for dit barn, så tog du omsorg for dig selv. Og det var slet ikke svært. Det føltes faktisk både let og godt. Det tog heller ikke tiden fra noget, der var vigtigere. Vel?

Dine børn forstår ikke din depression. Men de kan føle 100 % omkring omsorg. Lige som du selv kunne, da du var barn. Hvis du ikke handler ud fra denne viden, så fastholder og forstærker du din egen depression. Og det skal vi to ændre på. Jeg kan kun hjælpe dig ved at give dig viden og indsigt i din egen situation. Jeg kan også fortælle dig om nogle af de mange små ting, som kan hjælpe dig tilbage til friheden. Gradvist vil du føle, at din situation ikke er uhelbredelig. Du vil få tanker, der giver dig følelser, som er positive for dig. Der sker kun noget, når du **føler**. For din depression er følelser.

Hvad nu, når dine børn ikke længere er børn? Har de så overhovedet noget med din depression at gøre? Ja – det har de. Lige meget hvor gamle dine børn er, for de vil altid være dine børn.

De tæller i din depression, fordi du ikke kan lade være med at tænke på de gange, hvor du lavede omsorgssvigt. Sådan er hukommelsen. Den gemmer ubarmhjertigt på alle dine nederlag. Den gemmer dem i første omgang som erindringer om handlinger, som du ville ønske, du havde gjort anderledes.

Din hukommelse gemmer også på de tanker, du havde i forbindelse med disse handlinger. Men det der betyder mest for dig, lige nu, er de tilhørende følelser, som du havde. Dem husker du også. Hver gang du tager disse tanker og følelser frem, så gør de ondt igen. Somme tider mere, en da de var aktuelle. Da de blev dannet i din psyke. For nu står du i en situation, hvor du ikke kan handle anderledes. Du kan ikke gøre det ugjort. Og du kan ikke gøre det anderledes. Men du kan noget andet. Du kan tage bevidstheden ind om, at du på det tidspunkt var dårligere rustet end du er i dag. Du var ikke en anden, end den du er i dag. Men du var anderledes. Du havde mindre indsigt, viden og erfaring. Derfor gik det galt den gang.

Men du skal bruge din erindring, din viden og din erfaring til at udbedre skaden. Luk dine øjne. Skru tiden tilbage til tidspunktet lige inden, det gik galt. Se på situationen med åbent sind for dine valgmuligheder. Træf nu det valg, som du føler ville have været det rigtige. Tænk og føl at du gør det rigtige. Prøv at danne billederne af det gode forløb. Mærk inden i dig hvor varmt og dejligt det er at gøre det rigtige. Gem disse følelser som er gode. Du kan nu føle, at hvis du kommer i en lignende situation, så vil du handle på den gode måde. Nu har du lukket det sår, som den forkerte handling gav din sjæl og dit selvværd.

Selv om du har brugt din fantasi til at gøre det rigtige, så er det ikke en forvrængning af sandheden. Det er sandheden om hvordan du er, når du har indsigt, erfaring og modenhed til at gøre det rigtige.

Du kan ikke vide noget, du ikke har lært. Det skaber derfor ingen mening at kræve mere af dig, end du kan og ved. Ikke på noget tidspunkt. Ikke i nogen situation. Kan du se, og kan du føle, at det er rigtigt?

Skal du tale med dine børn om dine fejltagelser? Måske. Men ikke dem alle. Der er mange af dine fejltagelser, som slet ikke er opfattet på en negativ måde af dine børn.

Hvis du har en fejltagelse, som gnaver ekstra hårdt i din sjæl, så skal du tale med dit barn om den. Du skal nemlig vide, om dit barn i dag har samme opfattelse af situationen som dig selv. Det er sjældent tilfældet. Men nu har du muligheden for at fortælle dit barn, hvad du ville gøre, hvis situationen opstod i dag. Du kan også fortælle, i overensstemmelse med sandheden, at du ikke manglede kærlighed til dit barn. Du var bare ikke blevet dygtig nok endnu til at give den omsorg, som du i dag ville give.

Når I har snakket færdig om denne hændelse, kan du gemme den i din erindring som en opgave, du har klaret godt. For denne teknik er også at give omsorg for dit barn. Du giver også dig selv omsorg på denne måde. Det er jo dig, der tager initiativet til at få fjernet eller mildnet det dårlige efterslæb. Så nu har du lukket et sår på din sjæl, styrket dit selvværd og mindsket de kræfter, der holder dig i depressionen.

Vi har alle begået fejltagelser. Og vi gør det stadigvæk. Der bliver bare færre af dem. Og de bliver mindre.

Så meget om børn i denne omgang. Det var vigtigt, at du fik sat dette emne i de rigtige proportioner. Det var lige så vigtigt, at du blev i stand til at føle mere intenst på baggrund af viden i steder for på formodninger.

Min kæreste/samlever

Dette afsnit handler om den person, du lever/har levet sammen med i et parforhold som i det mindste fra starten af, var baseret på forelskelse og kærlighed. Uanset parforholdets natur vil denne person, i dette afsnit blive kaldt "kæresten".

Hvis du ikke synes, at dette har relevans for dig, så spring det bare over. Du kan også læse det for at få mere indsigt i, hvad der gør denne menneskelige relation til noget særligt i forhold til et menneske med en svær depression.

Din depression påvirker din kæreste. Det kan ikke være anderledes. Du fungerer helt enkelt dårligt, når din depression rigtigt har fat i dig. Det giver sig udslag i mange situationer. Der er så meget, du ikke har overskud til. Det er ikke bare de store ting, der er berørt. Selv små ting kan forekomme uoverskuelige og uoverkommelige. Det kan være svært, for ikke at sige umuligt, for andre mennesker at forstå. Ikke mindst din kæreste.

Din kæreste synes måske, at du bare skal tage dig sammen. Måske bliver det endda sagt lige ud: "Tag dig nu sammen for pokker"! Det er et udtryk for manglende indsigt i, hvad en depression er, og hvad den gør ved et menneske. Din depression er ikke dårligt humør. Det er heller ikke "ked af det". Eller vred. Eller sur. Det er en alvorlig sygdom, som du lider af.

Et af de helt store problemer er selvmord. Der er du ikke nu. Og du kommer der heller ikke. Men du kan risikere at komme tæt på. Det vil ikke være ualmindeligt, om du allerede har et eller flere selvmordsforsøg med i bagagen. Ikke alle er gået lige langt. Men nogle af dem har måske været meget tæt på. Men – du er blevet reddet "på stregen". Enten af dig selv, eller af en behandler. Heldigvis, for så har du stadig muligheden for at få et godt liv. Og det skal du have.

Selvmord

Hvad er et selvmord? Det forekommer indlysende, men det er ikke helt så enkelt, som det lyder. Jeg vil kun belyse det i sammenhæng med en depression. Her er der tale om, at du er kommet for langt ud. Du er så såret og forpint i din sjæl, at du ikke mere kan holde det ud. Din nuværende situation er mere end bare sort. Den river og flår i dig i alle vågne timer. En hver tanke om fremtid er slukket. Nu må det stoppe, så du kan få fred. Så tager du det sidste, afgørende spring. Slut.

Stopper smerten så? Nej. Det eneste der stopper, er din eksistens i livet. Der er ingen fred. Der er intet. For du er der ikke til at nyde "freden". Så man kan ikke sige, at du er sluppet for smerten. For smerten har ikke noget at slippe taget i. Så jeg kan fortælle dig helt ærligt, at der altid er en vej tilbage til livet. Lige nu kan du måske ikke se denne vej. Men den er der. Vær sikker på det. Prøv at "omfavne" denne viden. Alle kan hjælpes tilbage til livet. Også dig. Du har sikker hørt mottoet: "Hvor der er liv, er der håb"! Jeg vil dog bruge min egen version: "Hvor der er liv, er der muligheder"! Håb er lige som at ønske. Håb er beslægtet med tro. Men din tilbagevenden til livet har intet med ønsker og tro at gøre. Den handler rent om de mange muligheder, der rent faktisk findes, for at hjælpe dig ud af din depression. Så selvmordet vil aldrig være din løsning.

Selvmord er også en umenneskelig hård straf for alle de mange mennesker, som rent faktisk holder af dig. Først og fremmest din kæreste. For din kæreste elsker dig. Selv om kærligheden lige nu måske er meget tyndslidt.

Et selvmordsforsøg er det ultimative skrig efter hjælp. Det skal derfor tages meget alvorligt. Du kan ikke give kraftigere besked om, at du har det dårligt, og at du behøver hjælp nu. Og det skal du have.

Jeg har selv været i flere selvmordsforsøg gennem de sidste ca. femogtredive år. Faktisk flere gange end jeg bryder mig om at tænke på. Nogle få gange er jeg blevet stoppet af behandlersystemet. Men de fleste gange var det mig selv, der afbrød processen. Hver gang med tanker og følelser der sagde: Det kan ikke være meningen med mit liv. Der findes en udvej. Ikke sådan at forstå, at jeg kunne se den. Men jeg vidste, at den var der. Nu ved du det også. Og sådan skal det være.

Passivitet

Jeg har tidligere behandlet emnet passivitet. Det var mest i forhold til dig selv. Men din passivitet påvirker også din kæreste. Hvorfor gør vi ikke? Hvorfor gør du ikke? Hvorfor har du ikke gjort? O.s.v. Lad dig ikke gå på af det. Det har intet med din værdi som menneske at gøre. Jeg ved, at du gør alt det, du har overskud til at gøre. Du gør også alt det, du kan overskue. Længere er den ikke. Du og din kæreste vil få det bedre sammen, hvis din kæreste forstår, hvad en alvorlig depression er. Hvis din kæreste forstår, at det er den sygdom, du lider af. Hvis din kæreste kan føle, at det er hvad der er galt. Du skal også prøve at få din kæreste til at forstå, både at du vil af med din depression og, at du arbejder aktivt for forbedringer, der vil lede dig frem til helbredelse. Det er også vigtigt at vide, at tænke og at føle, at der ikke kan gives tidsgarantier. Både du og din kæreste vil gradvist føle forbedringer i din tilstand. Mere kan du ikke gøre. Og det er også nok.

At såre

På din vej frem mod depressionen kan det ikke undgås, at du lejlighedsvis har såret din kæreste. Dit manglende selvværd har forårsaget flere tilfælde af dårlig adfærd. Inden depressionen havde du det også dårligt. Din psyke var ustabil og din sjæl uden den nødvendige ro og balance.

Et fænomen, der er helt almindeligt, er en stor grad af selvhævdelse. Den kommer udelukkende af at føle sig mindre værd. Det kan man bare ikke holde ud. Så man forsøger krampagtigt at vise omverdenen, at man er meget værd, meget dygtig eller meget klog. Det er almindeligt at drikke for meget ved samvær med andre mennesker. Det sløver midlertidigt mindreværdsfølelsen. Samtidig fjerner det filteret for, hvad det er acceptabelt at sige og gøre. Her sårer du din kæreste.

Utroskab er heller ikke ualmindeligt. Også den utroskab der går lige til grænsen af seksuel aktivitet. At det drejer sig om fortvivlede forsøg på at føle sig elsket og værdsat af et andet menneske, kan du ikke forvente, at din kæreste skal hverken forstå eller acceptere. Sporene går helt tilbage til din barndom. Men det er svær at bygge den bro af forståelse for handling, årsag og sammenhæng. Lad mig slutte dette afsnit med at fortælle dig dette:

Du skal lære at elske og værdsætte dig selv. Dette kan en depression aldrig overleve!

Burde

Dette lille ord har en stor virkning. "Jeg burde"! Eller: "Jeg burde ikke"!

Hvad handler det om? Det skal jeg fortælle dig: Det er bindeleddet til din samvittighed. Det der sker, er at du siger til dig selv: "Jeg burde sætte en vask over nu"! Det er dit dejlige, "voksne", ansvarsbevidste selv, som gerne vil have vasket noget tøj. Du har blot ikke rigtig nogen energi eller et overskud til at gøre det nu. Det lægger du så et plaster på ved at sige: *Jeg burde.* Så er smerten ved det ugjorte dulmet lidt. Du vil jo gerne, men sådan som det ser ud lige nu, så kan du jo ikke. Men du burde. Eller du burde ikke spise mere nu! Eller noget helt andet. Du burde eller burde ikke.

Hver gang du bruger det ord, så sårer du dig selv yderligere. Det er jo det sidste, du har brug for. "Burde" efterlader endnu et sår i dit selvværd. Ordet bruges af dit uansvarlige selv. Din magelighed bruger det ofte. Din depression bruger det også som ekstra næring til sig selv. Den depression, som absolut skal på streng diæt. Den depression, som gerne må dø af anoreksi. Jo før jo bedre. Men sådan behøver det ikke at være.

Hvis du begynder at lære dig selv, at ordet "vil" og "vil ikke" er meget bedre for dig, så er du på vej. Det behøver ikke at flytte dit aktivitetsniveau så meget som en millimeter. Men du stopper med at såre dig selv. Det er det vigtigste.

"Jeg burde ringe til min datter"! Det bliver helt anderledes positivt, hvis du siger: "Jeg vil ringe til min datter om en time"! Eller: "Jeg vil ikke ringe til min datter nu. Jeg vil ringe til hende i morgen aften!

"Jeg burde ikke spise mere kage nu!" Det kan erstattes med to varianter: "Jeg vil spise en kage mere, og så er det slut for denne gang"! Eller: "Jeg vil ikke spise mere kage nu fordi ...."!

Når du bruger "Vil" og "vil ikke", så giver du dig selv omsorg, fordi du forholder dig realistisk til din egen virkelighed. Og din egen omsorg for dig selv er lige netop, hvad du har brug for.

Grib dig selv i at bruge "burde" og tag i stedet aktivt stilling til, hvad du vil, og hvad du ikke vil.

Normer

Normer – er et begreb, som kan både gavne og skade. De er ofte udtryk for et fællesskabs vedtagne regler for bl.a. adfærd. Det er mest i sammenhæng med adfærd, jeg mener det har relevans til din depression. Det er normerne, der kan få dig til at føle dig uden for, forkert, utilstrækkelig og m.m.

Du måler ofte dig selv op mod en eller anden norm. Dette giver dig tanker, og dermed følelser, om hvordan du er. Er det normalt at have en depression, som er så svær som din?
Nej – det er det ikke.
Men det er heller ikke unormalt, selv om langt de fleste mennesker ikke har det. Det er normalt mennesker, der har en depression. Vi ved jo ikke så meget om dyrene på det punkt. Men det er ikke normalt, at et menneske har en depression. Fordi det er en sygdom. Det er ikke nedværdigende at have en depression. Det er meget ubehageligt. Det kan endda ofte være direkte skræmmende. Det samme kan man sige om alle andre alvorlige sygdomme. Kan du føle, at det er rigtigt?

Der er et sted i din tilværelse, hvor normer kan være vanskelige at håndtere. Det kan det i et parforhold. Her kan normer meget let give alvorlige gnidninger to mennesker i mellem. Det sker, når du og din kæreste ikke har snakket om normer. Det kan da også være vanskeligt at komme i gang med den snak, der skal til. Men; der er noget her, der skal finde sin rette plads:

I dit parforhold er der tre sæt normer: Dine normer, din kærestes normer og jeres fællesnormer.

I kan sagtens have et dejligt, smukt og varmt samliv med meget få eller ingen fællesnormer. Det vil være et stormomsust samliv, men det kan fungere.

Det vigtigste er her, at I kender hinandens normer. Så kan I nemlig tage stilling til dem. Nogle af jeres normer vil ofte være de samme. En anden gruppe normer er næsten identiske. Her finder I sikker nemt et kompromis, eller bliver enige om at respektere den andens variant af normen.
"Du gør det på din måde og jeg på min, og det betyder ikke noget"!

Så er der det sæt normer, hvor I fra starten ikke er enige, men hvor den ene af jer nemt kan bøje og følge den andens norm. I tilpasser jer hinanden, og gør hinanden glade.

Det sidste sæt normer, jeg vil kigge på, er dem, hvor I er dybt uenige. Er de meget vanskelige at passe ind? Måske. Nogle af dem skal måske bare passes en lille smule til, for at blive spiselige for jer begge. Der er dog også nogle af dem, som I uden de store problemer kan acceptere, som et særpræg hos den anden.

Til sidst er der dem, som kun kærligheden og respekten for hinanden kan klare. Det vil dog være ganske få, da I jo trods alt lever sammen.

Du skal aldrig slå dig selv i hovedet med normer. Hverken dine egne eller andres. Det vil uvægerligt skade din sjæl og dit selvværd.

Husk: "Det *normale* har vide rammer!

Idealer

Det er de færreste mennesker, der ikke har et antal idealer. Formentlig tænker du ikke særlig meget over dette i din dagligdag. Men du har dine idealer. Det vil også være ganske almindeligt, hvis dine idealer har betydning for din depression. Det skyldes, at idealer kædes sammen med begrebet lykke. Din lykke. Derfor har de betydning. Dine idealer kan forhindre dig i at føle dig lykkelig. Dine idealer kan endda gøre, at du føler dig ulykkelig. Men de kan heldigvis også gøre noget godt for dig. Det er et spørgsmål om hvorvidt dine idealer er gode for dig eller dårlige for dig. Så det ser vi lidt nærmere på.

Gode idealer

Når et ideal er opnåeligt for dig, så er det et godt ideal. En side af det at være opnåeligt er, at det også er et realistisk ideal. Jeg vil sige, at gode idealer minder meget om det der hedder et SMART mål. Dette begreb kommer fra et andet område, hvor man arbejder med opnåelse af mål. Her er definitionen:

- **S**pecifikt
- **M**ålbart
- **A**ttraktivt
- **R**ealistisk
- **T**idsbestemt

Kan du se, at der er megen lighed mellem at arbejde for opnåelsen af et mål, og at arbejde hen mod et ideal?

Der vil være mange idealer, som er opnåelige for dig, hvis du har en god evne til prioritering. Du skal også arbejde med det jeg vil kalde for størrelsen af dine idealer. Når det handler om dine opnåelige idealer, skal du for eksempel tage stilling til, om du vil være tilfreds med at leje, eller om du kun kan blive tilfreds, hvis du ejer. Økonomien i idealer spiller ofte en stor rolle. Du kan for eksempel vælge at leje stort eller købe småt.

Idealer, som du opnår, eller får opfyldt, skaber positive tanker i dig. Tanker, som uvilkårligt vil lede til gode følelser, som er så vigtige i forhold til dit selvværd og dermed også for din depression.

Idealer kan således være særdeles gode for dig. Men husk:

"Du skal ikke være lige som nogen,
for du er meget værd som dig selv"!

Dårlige idealer

Når et ideal er uopnåeligt for dig, så er det et dårligt ideal. En side af det at være uopnåeligt er, at det ikke er et realistisk ideal.

Et ideal, som du ikke har valgt frivilligt, er også dårligt for dig. Det ses ofte i sammenhæng med andre menneskers ambitioner for dig. Men hvis du ikke helhjertet deler denne ambition, så vil den skade dig. Forældre kan være grusomme på dette område.

Alle idealer, som for dig har en status betydning, er dårlige for dig.

Lige meget hvad du ejer eller kan, så er det aldrig det, der gør dig til et værdifuldt menneske for dig selv.
Du har al mulig grund til at rydde op i dine idealer. Det skal i hvert fald ikke være dine idealer, som forstærker din depression. Det skal heller ikke være dine idealer, der forhindrer dig i at få helbredt din depression.

Idealernes kilde
Kilden til dine idealer er de mennesker, som du sammenligner dig med. Hvis bare du var som dem? Men det er du ikke. Du er dig. Rigtig mange af dem, som du sammenligner dig med, er skuespillere. Enten professionelle eller amatører.
Amatørskuespillere er også alle de mennesker, der stiller en uægte facade til skue for omverdenen. Dem er der rigtig mange af. Det er især dem, det kan være vanskeligst at gennemskue. Hvor ser de dog lykkelige ud? Hvor har de det dog godt? Hvor har de dog mange penge? Men er det ægte?

Vores veludbyggede medieverden er med til at skabe falske idealer i dig. Noget af det værste er reklameindslagene på TV. Det er en lang serie af påstande om, at du ikke er noget værd. *Det er du ikke, fordi du ikke ser ud som de medvirkende i reklameindslaget.*
Der er intet galt med skuespillerne. Det er der heller ikke med reklamerne. Hvis ikke det lige var sådan, at de arbejder meget professionelt på at få dig til at føle dig forkert. De arbejder meget bevidst på at få dig til at føle, at hvis du køber deres produkt, så bliver du noget værd. Så bliver du en af de helt rigtige. Det er hvad det handler om. Kunstige idealer.

Brug penge på deres produkt, så bliver du lykkelig. Ikke?

Nu skal du helbredes

Nu er det på tide at gøre dig rask. En vigtig del af din helbredelse har været, at du har erhvervet dig tilstrækkelig indsigt i din depression. Ved at læse de foregående afsnit har du erfaret, at du ikke har nogen som helst skyld i din depression. Den er skabt af udefra kommende negative påvirkninger af din psyke gennem negative tanker om dig selv, men vigtigst af alt – negative følelser.

Det var i et negativt samspil med din genetisk bestemte lave SVIM værdi. Du var med andre ord disponeret for at få en depression. Nærmere bestemt gennem negative påvirkninger af dit selvværd. Det er foregået over lang tid, inden din sjæl når så langt ud, at den giver op, og derefter udvikler din depression.

Så lang tid vil der ikke gå med din helbredelse.

Selve recepten er i bund og grund de modsatte faktorer, af dem som udviklede og fastholdt depressionen. Her er så medicinen:

Vilje
Initiativ
Handling
Tanker
Følelser
Belønning

Vilje

"Nu kan det f..... være nok"! Nu vil du have det godt. Ikke bare bedre, men godt. Nu har du ufrivilligt spildt så meget godt liv, at du nu vil have en forandring, der batter.

Du vil være rask. Du vil have lysten til livet tilbage. Du vil have overskud til at gøre noget <u>godt</u> for dig selv. Du vil have det godt i dit samvær med din kæreste og dine børn. Ja med alle dem, du holder af.

"Du vil"! <u>Så sig det dog:</u>

"Jeg vil"!

"Der er ingen der skal stå mig i vejen for at få det godt"!
"Jeg vil heller ikke mere stå i vejen for mig selv"!
"Jeg vil helbredes"!
"Jeg vil helbrede mig selv"!
"Jeg vil tage omsorg for mig selv"!

"Jeg vil"!!!!

Det er lige her al forandring starter. **<u>Jeg vil!</u>**

Mit eget valgsprog eller kampråb lyder:
"Gør som du plejer, så sker der, hvad der plejer"!
Fortsættelsen lader jeg som regel andre om at gætte. Men her er den alligevel:
"Hvis du vil en forandring, må du gøre noget anderledes"!

Hvis det, du plejer at gøre, er godt, så bliv ved med det.
Men det er jo netop ikke godt lige nu. Vel?

Jeg vil!

Initiativ

Her har du i dag en mægtig sten, der skal flyttes. Eller knuses. Væk skal den i hvert fald. Og det skal være nu. Omgående. At tage et initiativ er ikke din stærke side lige nu. Men det bliver det.

Initiativet starter med din beslutning om at gøre noget. Eller det starter med din beslutning om at gøre noget anderledes. Jeg taler ikke om store tunge klodser, der skal flyttes. Jeg taler om alle de små ting, der vil give dig positive tanker og dermed positive følelser. Netop de følelser, der kan reparere sit selvværd. Der skal ikke ret mange til, før der ikke længere er tale om reparationer men direkte styrkelse af dit selvværd. Du skal komme til at føle det naturligt at give dig selv omsorg. Du vil hen ad vejen ligefrem komme til at føle en stærk trang til at give dig selv omsorg. Du vil til sidst slet ikke kunne lade være.

Alle de initiativer, som du fører ud i livet, initiativer som du gennemfører, vil du mærke som naturlige, "retfærdige" belønninger af dig selv.
(Jeg er ikke helt sikker på det lægeligt rigtige i dette, men jeg føler, at kroppens egenproduktion af belønningsstoffer øges. Det kan du jo spørge din læge om, hvis det ikke er nok for dig blot selv at føle det.)

En lille bremse for dine initiativer kan være, at du tænker og føler, at betingelserne ikke rigtigt er til stede. Men det vil de være. Der, hvor du skal starte, er alle forudsætningerne til stede. Hvis ikke, så sørger du selv for at tilvejebringe dem.

Hvad kan forhindre dig i at tage det bad, som du gennem fire dage har tænkt, at du <u>burde</u> tage? Nej – vel?

Men der mangler noget, for at du kan gøre det, som du gerne vil! Du vil gerne have bund i vasketøjskurven. Du føler, at det vil være godt at få af vejen. Men – der mangler vaskepulver. Så har du hermed en fin lille, afledt opgave, som du tager initiativ til: Du fremskaffer vaskepulver! Det er lige meget, om du selv køber det, om du beder din kæreste tage det med på vej hjem fra arbejdet eller, om du låner hos naboen. Det vil være dig, der har sørget for, at der er vaskepulver. Den opgave har du selv løst. Det kan du rose dig selv for. Det manglende vaskepulver var en hindring for, at du kunne få det godt ved at få vasketøjskurven i bund. Den hindring har du selv ryddet af vejen. Det var fint! Klap dig selv på skulderen. Du har lige styrket dit selvværd. Nu kan du problemfrit tage næste skridt, at få klaret vasken. Mere klap til dig. Mere ros. Mere selvværd.

Du skal bare starte med initiativer på de små ting. Hvis du hovedsageligt sidder indendørs med din depression, har du sikkert mere end en gang tænkt, at du <u>burde</u> også komme lidt ud. Du behøver ikke at starte med den store travetur på ti kilometer. En lille tur i haven, eller i parken eller "på gaden" er fuldt ud tilstrækkeligt. Det vigtigste er, at du tager initiativet til en positiv forandring, og at du gennemfører den. Du vil blive overrasket over, hvor få og små ting der skal til, for at du føler en styrkende forskel.

Det starter med <u>dit</u> initiativ, hvor <u>du</u> siger: **"Jeg vil"**!

Handling

Måske spørger du: "Hvad er det da, jeg skal gøre? Hvad er det, jeg skal foretage mig"?

Først og fremmest vil jeg sige: Det er meget lidt. I hvert fald i starten. Alt, som er positivt, tæller.
Den mindste lille ting, som gør en forskel fra det negative, vil hjælpe med din helbredelse. Alt.
Så lidt, som det at børste tænder, hjælper. Fordi det er din omsorg for dig selv. Måske har du ikke noget problem her; men begynder du at forstå, hvor lidt der skal til?

"Jeg vil have mine børn på vej til skole i god tid"!
"Jeg vil sørge for, at mine børn hver dag får en god og sund frokost i skolen"! Her giver du igen både dit eget selvværd omsorg, samtidig med at du drager omsorg for dine børn"!

Hver gang du drager omsorg for et andet menneske, øger du samtidig dit eget selvværd. Det er derfor en psykisk "sund egoisme" at drage omsorg for andre. Også den lille omsorg det er at pudse dit barns næse.

Det vigtigste er dog, at du gør noget for dig selv. "Jeg vil se den fim i aften og slappe af"! Fint! Bravo! Sådan skal det være. Jeg vil!

Et godt eksempel: Du ser, at en seng ikke er redt. Du tænker: Sengen skal redes. Du føler, at det er rigtigt, hvis sengen bliver redt. Du ved, at det vil tage dig femten sekunder. Du tager initiativ ved at tænke: Jeg vel rede den seng nu. Du reder sengen. Nu får du den gode, positive følelse af at have gjort noget, der var rigtigt for dig. Med denne lille handling styrkede du dit selvværd. Hvis du ikke havde gjort det, ville du have skadet dit selvværd. Så lidt skal der til.

Et andet eksempel: I tre dage har du ti gange dagligt set, at der er blæst et lille blad ind på gulvet i gangen. Du er hver gang gået forbi med tanken *og med følelsen*: Det skal jeg fjerne. Men du gør det ikke. Så gennem tre dage har du tredive (30) gange såret dit selvværd. Når du endelig bukker dig ned, samler bladet op, og lægger det i skraldespanden, har du brug ti (10) sekunder af dit liv på at styrke dit selvværd. Den omkostning er i hvert fald ikke for stor.

Den type af små, manglende handlinger møder du mange gange i løbet af din dag. Hver gang du springer initiativet og handlingen over, skader du dit selvværd. Alle disse små handlinger er et positivt tilbud til dig om styrkelse af dit selvværd. Det er samtidig dine mange muligheder for at drage omsorg for dig selv. At udføre disse handlinger er din egoterapi til helbredelse.

Kender du udtrykket *overspringshandlinger?* En sådan handling er en, du foretager dig, for **ikke** at gøre det, som du rent faktisk føler, er det rigtige. Begge handlinger vil du gerne foretage dig. Du føler, at den ene handling vil være rigtig for dig at udføre før den anden. Men du øver vold på din egen prioritering. Det skader dig også. Du giver dig selv en undskyldning for ikke at foretage dig det, du føler er det rigtige. *Men du accepterer ikke din egen undskyldning*. Det giver dig en unødig, sårende skyldfølelse. Tænk over dette. Prøv at finde eksempler fra din hverdag, hvor du har foretaget dig en overspringshandling.

Jeg vil bede dig om, at se på alt dette som en uddannelse. En uddannelse af dig selv. Du er helt i gennem et godt menneske, som ikke har fået uddannelsen til et velfungerende menneske med et naturligt, højt selvværd. Du er vel egentlig blevet nægtet eller forhindret i at få den uddannelse. Dine forældre og andre "varetægtspersoner" skulle have givet dig den. Det var deres pligt. De skulle oven i købet have givet dig den af kærlighed til dig. Af omsorg for dig. Jeg vil gå så langt som at sige: De skulle slet ikke have kunnet lade være. De skulle have følt glæde ved det. Jeg har tidligere behandlet dette vigtige emne i min bog *"Videnssamfund – Nej tak! Eller ja tak!"* Den kan du jo læse, hvis en dag du skulle få interesse for det.

I takt med at du får klaret flere små ting, vokser dit selvværd. Du får "igen" gode, positive tanker om dig selv. Men det, der virkelig gavner og helbreder dig er, at du får *gode og positive følelser* for dig selv og om dig selv.

Det er næsten altid positivt, at kunne se en sag fra flere sider. Du kan somme tider opleve en ting helt anderledes, hvis du skifter indfaldsvinkel. Du kan prøve at tænke på en skulptur. Disse har ofte en forside. Det vil typisk være den side, du først betragter. Skulpturen kan fuldstændig skifte mening for dig, hvis du betragter den fra siderne. At se den bagfra skal du heller ikke undlade. At betragte skulpturen giver dig tanker og følelser. Forfra kan den måske virke positiv og glad. Samtidig kan den f. eks. virke truende eller skræmmende set fra siden. Totalt anderledes vil den virke på dig, hvis du kan se den fra oven. Sådan er det også med de handlinger, der ligger foran dig. Det, der umiddelbart ser ud som en pligt, kan, set med dine positive øjne, være lystbetonet.

Dit selvværd kan også betragtes fra en anden vinkel. Du kan opfatte dit selvværd som en akkumulator, du har inde i din sjæl. Når den er fuldt opladet, så er dit selvværd helt på toppen. Når den er "flad", har du intet selvværd. Alle dine negative selvværdsoplevelser aflader din akkumulator. Hver gang du føler glæde ved dine handlinger, så lader du op på akkumulatoren.

Ved din passivitet aflader du akkumulatoren. Det er ikke muligt, at skubbe en effektiv ensretter ind mellem dine følelser og akkumulatoren. Det ville have været rart, da du så kunne have stoppet al afladning og kun tillade opladende følelser. Men ensretteren er der alligevel. Og ved du hvad? Den er dynamisk. Det fungerer på den måde, at jo nærmere du kommer til en fuldt opladet status, jo mindre afladning tillader ensretteren at tappe på akkumulatoren. Kan du føle det fornuftige i denne nye indfaldsvinkel? Tænk gerne over dette en ekstra gang.

Tanker

Dine tanker er så vigtige. Dine handlinger er også vigtige, for du vil altid forbinde dine handlinger med tanker. De tanker, du har om dig selv, er dem der tæller i sammenhæng med din depression.

De tanker, du har om ting eller andre personer, er ikke så vigtige. *Hvis det ikke var fordi, at du næsten altid selv har en rolle i disse tanker!* Vasketøjet stod jo ikke alene, men hang sammen med <u>din</u> vilje til, at <u>du</u> vaskede det. <u>Dit</u> barns løbende næse hænger sammen med <u>din</u> omsorg.

Tanker er et stof eller et materiale. Vi kan ikke se dem. Men vi danner dem. Vi kan forme dem. Vi kan ændre dem. Husker du: "Hvis du vil have en forandring, må du gøre noget anderledes"? Det gælder for dine handlinger, men det gælder i lige så høj grad for dine tanker. Du kan ikke slette dine tanker. Du kan heller ikke være "tanketom". I kraft af, at du er et menneske, har du altid tanker.

Nogle af de tanker, du får, er dårlige for dig. De skader dig og dit selvværd. Du <u>burde</u> ikke danne dårlige tanker. Derfor skal du starte med at sige til dig selv: "Jeg vil kun danne gode tanker"! Det forhindrer ikke de dårlige i at opstå i første omgang. Derfor skal du sige til dig selv: "Når jeg får en dårlig tanke, vil jeg ændre den til en god tanke"! Du skal lære at genkende de dårlige tanker. Som en fortsættelse skal du lære at ændre dine tanker. Jeg vil sige, at du skal lære at "tænke om". Det er ikke det samme som at "tænke sig om". Det er en del af

din egen omsorg for dig selv. En dårlig tanke, som du selv
ændrer til en god tanke, <u>kan ikke skade dig!</u>

Ja – dine tanker er meget vigtige for dig. De har nemlig en
ganske speciel rolle for dig. Det har de i udpræget grad i.f.t. din
depression. Dine tanker er kimen og brændstoffet til dine
følelser.

Følelser

Når du ser på din depression, skal du vide, at den er skabt af, og vedligeholdt af, og forværret af dine følelser. Intet andet. Derfor er det også naturligt, ja man kan vel sige, derfor føles det også naturligt, at det er dine følelser, der skal helbrede din depression. For sådan er det.

Det vanskeligste ved denne kendsgerning er, at du ikke kan bestemme dine følelser. Jamen – er der da så ingen mulighed for at ændre dem? Nej – det er der ikke! Men du kan fremelske dem, og du kan erstatte dem. Dette skal du bruge dine tanker til. Enhver tanke har sine tilhørende følelser. Så – nye tanker – nye følelser.

Præcis hvilke følelser du får, som tilknytning til dine tanker, er meget kompliceret. Jeg vil ikke her forsøge at nå til bunds i dette emne. Det kan jeg ikke, fordi jeg er mig, og du er dig. Jeg kan dog godt give dig lidt hjælp på vejen.

Lad os sige, at du hører et lille barn græde. Det giver dig med det samme en, men sandsynligvis flere tanker. De vil gå i forskellige retninger. Fire af disse retninger hænger sammen med dit tilhørsforhold til det grædende barn: Er det dit eget? Er det en andens barn i din varetægt? Et det et barn du bare kender? Er det et fremmed barn?

Kan du se, at svaret på dette vil være med til at bestemme hvilke tanker du får? Og hvilke følelser det fremkalder? Dit spædbarn kan danne "give mad" følelse og påvirke din krop for

eksempel dine bryster og brystvorter (hvis du er en kvinde).
Det kan give dig en skræk følelse "bare der ikke er sket noget".
Eller irritation "åh – ikke igen". Eller glæde "åh – nu trækker
han vejret normalt igen".

Men – hvorfor danner du så lige netop den følelse i
sammenhæng med den tanke? Det er baseret primært på dine
egne oplevelser og din egen erfaring. Hvad har du selv
oplevet? Hvad har du selv lært gennem dine erfaringer?
Bølgeskvulp kan være både skræmmende, beroligende,
glædesgivene, ligegyldige o.s.v. Alt afhænger af situationen og
dig.

Da du ved, hvilke tanker der giver dig "antiglæde" følelser, så
ved du også det modsatte.
"Når jeg tænker på min kæreste og mig i kanoen på Gudenåen,
bliver jeg simpelt hen så glad og varm inden i"! Eller dit
bryllup. Eller den specielle søndag morgen. I din
"værktøjskasse" har du mange tanker med varme og glæde.

Du kan slette eller minimere følelserne fra en dårlig oplevelse
ved at "spole tilbage". Spille hændelsen om med et positivt
forløb, føle glæden dette ville give dig, og sige "pyt" – og lagre
den redigerede, gode følelse i stedet for.

Det kan du selvfølgelig ikke i alle tilfælde. Men du kan altid
gøre det, når det gælder dine egne handlinger. Hvad gjorde du?
Hvad ville du have gjort?

Hvis en isvaffel giver dig glæde, så spis den! Hvis ikke – så lad den være.

Belønning

Kender du udtrykket: "Arbejdet bærer lønnen i sig selv"! Det er ofte blevet misbrugt op gennem tiderne. Den form for anvendelse vil jeg ikke komme nærmere ind på.

Men det kan også være helt rigtigt. Det kan det i hvert fald, når vi taler om din depression. Nærmere bestemt – helbredelse af din depression. Jeg har været inde på det tidligere i nogle af de foregående afsnit. Hvis du ser på hændelsesforløbet: Initiativ, handling, tanke og følelse, så ser du hvad jeg mener. Du gør et stykke arbejde, der resulterer i positive tanker og følelser. Her er følelserne lønnen for din indsats. Det er den eneste belønning, du har glæde af. Fordi det er det eneste, der kan helbrede dig.

Det vil være helt naturligt for dig, at se resultatet af dine positive handlinger som en belønning. Det var jo dejligt, at du endelig fik malet din postkasse. Eller noget helt andet. Her kan du se resultatet af dine handlinger. Du kan glæde dig over gjort arbejde. Du kan se, at arbejdet er gjort. Alt dette er positivt. Det mest positive er stadig væk, at din rare følelse over at du gjorde det, resulterede i at du kunne klappe dig selv på skulderen og sige: "Det var godt"!

Hver eneste gang, du gør noget godt for dig, direkte eller indirekte, så belønner du dig selv. Du får oftere og oftere følelsen af at være noget værd. Fuldstændig i overensstemmelse med sandheden. Du beviser, at du er noget værd. Denne korrekte følelse af at være noget værd bliver til *viden.*

Sand viden, som kan bevises. Du behøver ikke at tro, at du er noget værd. For du ved det.

Jeg har tidligere omtalt kroppens evne til at producere forskellige belønningsstoffer. Disse stoffer skal give dig glade følelser. Om der også ved dine positive handlinger sker en øget produktion af disse stoffer, det ved jeg som sagt ikke. Men det kan da godt tænkes. Om det er din praktiserende læge, en neurolog eller en psykiater, der ved mest om dette emne, det aner jeg ikke. Men det er vel i og for sig også ligegyldigt, når bare det virker. Og det gør det.

Vi er i det vigtige afsnit, der handler om din helbredelse. Om din vej ud af den svære depression. Din vej tilbage til livet – det gode liv. Den ultimative belønning af dig er din helbredelse. Det mest værdifulde ved din helbredelse er, at det er dig, der helbreder dig selv. Kan du forestille dig fyrværkeriet, eksplosionen af glæde, befrielsen og de gode følelser, når du kan sige dig helt fri af depressionen?

Bed om hjælp

Her har du fat i noget, som i dag er uhyre vanskeligt for dig. Det er faktisk på grænsen til umuligt. Sådan virker din depression også. For at bede om hjælp skal du jo bryde ud af den isolerende skal, som din depression omgiver dig med. Du skal også krydse en anden vanskelig grænse: Du skal kontakte, og være sammen med, et andet menneske. Nu skal jeg give dig en hjælpende hånd.

Lægen

Den første du skal bede om hjælp, er din læge. Lægen er et vigtigt, første skridt på din vej til at blive rask. Han kan godt nok ikke kurere dig. Desværre. Men der findes ingen medicin, der kan hjælpe din syge sjæl. Lægen kan gøre tre andre vigtige ting:

For det første: Han kan give dig en medicinering, som dæmper din nedtrykte sindstilstand. Denne medicin supplerer eller aktiverer dannelsen af nogle naturlige belønningsstoffer, som din krop ikke danner i tilstrækkelig grad. Når denne medicinering er sammensat rigtigt, og i den rigtige mængde, så falder din depressionskurve. Derved tages en væsentlig del af trykket på din handlingslammelse. Du vil også blive mindre ked af det. Desværre skal denne form for medicin tages regelmæssigt gennem to til fire uger, før den slår effektivt igennem. Men så vil du også klart kunne mærke det.

For det andet kan han lytte til dig. Han kan lytte til dine alvorlige problemer i hverdagen. Han kan spørge aktivt ind til områder, hvor han måske kan give eller foreslå hjælp. Områder, som ikke er din direkte depression, men som er med til at give dig et dårligt liv.

For det tredje kan han henvise til en psykiatrisk konsultation. Dette vil næsten altid lede frem til et tilbud om et psykiatrisk behandlingstilbud. Psykiatrien har ikke så mange forskellige tilbud. Men de vil tilbyde dig det de finder bedst egnet i din specielle situation. Dette skal du helt klart tage imod. Det vil være godt for dig, at have nogle professionelle personer til at hjælpe dig i din behandling.

Lægen er en tosidig omsorg for dig. Lægen giver dig sin professionelle omsorg, som du i høj grad har brug for. Det vigtigste er dog, at du, ved at kontakte lægen, giver dig selv omsorg. Du tager ansvar for dit liv og dit helbred. Dette reparerer og støtter dit selvværd. Du vil kunne **føle**, at du har gjort noget positivt for dig selv.

De andre

Alle de andre i din omgangskreds er det straks meget sværere for dig at bede om hjælp. Dette er helt normalt, og hænger sammen med din sygdom, din depression. Du sidder fanget i din kuppel af depression. Du vil nødig, eller har direkte angst, for at skulle møde andre mennesker. Måske knap så meget din kæreste og dine børn. Men alle andre. Og så netop det at skulle bede om hjælp.

Din isolation skyldes to ting:
"Jeg er jo ikke noget værd! Hvorfor skulle hun så ville hjælpe mig"?
Den anden er: *"Hvad vil han ikke tænke om mig, når jer nu er, som jeg er"*?
Der er vel også den tredje variant: *"Jeg kan ikke være dette her bekendt"*!

Du har fået din depression som en uundgåelig reaktion på, eller en direkte følge af de mange omsorgssvigt, du har været udsat for. Disse førte til negative tanker om dig selv. Dette resulterede i kraftige **sorgfølelser** over ikke at være elsket og anerkendt, som den du er.
At bede et andet menneske om hjælp kan give dig tanken om at afgive kontrollen over dig selv.
Men det er jo lige netop det du **ikke** gør. Det er **dig** der tager initiativ til at få gjort noget ved **din** situation. Det sker på et område, hvor **du tænker og føler,** at der skal ske noget helt konkret.

Du har altså både initiativet og kontrollen. ***Dette er at give dig selv omsorg!***

Den person, som du beder om hjælpen, vil være glad for at blive spurgt. Du fortæller jo vedkommende, at hun er noget værd. At du anerkender hende og hendes evne til at hjælpe dig. Derigennem styrker eller bekræfter du netop hendes selvværd. Det vil varme hendes sjæl.

Måske kan den person, du spørger, ikke hjælpe dig. Eller kan ikke hjælpe dig lige nu. Eller kan ikke hjælpe dig lige på den måde, som du havde tænkt. Der kan være mange årsager til, at du ikke kan få hjælpen fra lige den person. **Det er ikke en afvisning af dig og din person.** Kan du se det? Kan du føle det?

Så er der den andens tanker om dig. De spiller en stor rolle for dig.

Men det er en falsk rolle!!!

Din depression er skabt af dine egne tanker, men mest af alt, dine egne følelser om dig selv. Alle andres tanker og følelser om dig påvirker dem selv og kun dem. Dem kan du derfor se helt bort fra.

Men nu kommer det helt fine ved at bede om hjælp: Når du får hjælpen, så er der en anden, som også drager omsorg for dig. Der igennem føler du dig værdsat. Det styrker dit selvværd.

Bonusgevinsten tilfalder den, som giver hjælpen. Han styrker der igennem sit eget selvværd.

Kan du nu se, at netop det at bede om hjælp er en "Win-Win" situation. Så bed endelig om hjælp.

Perfektionisme

Det er meget almindeligt, på din vej til den svære depression, at du udvikler dig til perfektionist.
Det sker gradvist allerede fra din tidlige barndom. Den har sin helt naturlige forklaring.

Du oplever og føler, at du ikke får den naturlige omsorg og anerkendelse, som du har et livsnødvendigt behov for. Måske bliver du skældt meget ud. Du bliver måske også udsat for korporlig afstraffelse gennem klø og lignende. Du føler dette som udtryk for, måske endda bevis for, at du ikke er god nok. Ikke værd at elske. Ikke værd at anerkende. Dine præstationer er ikke værd at rose. Så hvad kan du gøre? Du kan gøre dig mere umage. Så bliver det nok bedre.
Men det gør det ikke.
Lige meget hvor meget du anstrenger dig, og gør dig umage. Som en følge af dine ihærdige anstrengelser, som ikke fører til ros og anerkendelse, bliver dit selvværd mindre og mindre.

Det er nemlig ikke hos dig fejlen ligger. Det er ikke dig, der ikke er noget værd. Det er ikke dig, der ikke er værd at elske og drage omsorg for. Fejlen ligger hos dem der er dine forældre.
Og de vil aldrig ændre sig.

Dine forældre er fastlåst i de personligheder, de har udviklet sig til. Det har jeg forklaret meget om i de tidligere afsnit. Men det hjælper ikke dig. Du kan ikke gøre noget ved det. Men fordi du er et barn, vil du alligevel forsøge gennem mange år.

Gennem mange nederlag og skuffelser, med en såret sjæl til følge..

Du har stadig disse vigtige, udækkede behov. Da du ikke kan få dem dækket hos dine forældre, forsøger du nu at få dem dækket hos andre mennesker. Du prøver at finde nogle voksne, som kan fungere som dine forældre som givere af omsorg, anerkendelse og kærlighed. Her er problemet, at du jo netop ikke er <u>deres</u> barn. Så deres motivation for at give dig, hvad ud har behov for i den retning, ja – den er meget lille eller ikke eksisterende. Det kan man ikke bebrejde dem.

Dem, man kan bebrejde, er de mennesker i hvis varetægt du ellers kommer, som har en professionel forpligtelse til at give omsorg. **Hvis de ikke giver den.** Det gælder hele rækken af pædagoger. I særlig udstrækning gælder det dine lærere og andet institutionspersonale, som har dig i deres varetægt. Det gælder lederen i ungdomsklubben, din spejderfører, din læremester o.s.v.

Men du vil forsøge at få dine behov dækket helt frem til du får den indsigt, som jeg her har givet dig. Derfor udvikler du dig til en perfektionist. **Det er en sygdom!**

Det er en sygdom fordi, ingen andre nogensinde kan dække dit store, naturlige behov.
Det er en sygdom, fordi du kræver af dig selv, at alt hvad du laver, skal være perfekt. <u>Det bliver det aldrig!</u> Selv om alle andre synes, at det du har lavet er perfekt, *så kan du altid finde*

71

fejl ved din præstation! Du duer jo ikke. Du er jo ikke god nok. Du er ikke lige så meget værd som alle andre.

Men det er du. Når du nu ved alt dette, så kan du lave hvad som helst. Bare det fungerer, som du kan være tilfreds med, så er det helt fint. Du kan med god samvittighed rose dig selv og give dig den anerkendelse, som vil styrke dit selvværd. Derved fylder du fortidens huller ud, og reparerer dit selvværd gennem din egen omsorg. Du giver dig selv det, dine forældre skulle have givet dig. Nu kan du afskedige perfektionisten, og byde det normale menneske velkommen.

Jeg skal måske lige minde dig om, at perfektionister udvikler sig til maniske pralhalse. Men det ved du vel allerede? Jeg ved det. For jeg var en af dem. Derfor har jeg bestemt, at denne bog skal udfylde en vigtig rolle for andre mennesker. Så er den god nok. Skidt med om den i nogles øjne ikke er perfekt.

Så længe du har en depression, kan du slet ikke bruge begrebet "perfekt". Det kræver overskud af selvværd, at tale om perfektion. Når du har dette overskud, vil du begynde at kunne opfatte dine handlinger og dine resultater som perfekte. Det kan nemlig godt være "perfekt", selv om der stadig er plads til forbedringer. Kan du føle det? Hvis du vil køre fra Ringsted til Sorø på cykel i en tid på mindre end en time, så er det perfekt for alle tider under en time. <u>Selv om du kunne gøre det hurtigere!</u>

Terapi

Her er Wikipedia's definition:
Terapi (<u>græsk</u> θεραπεία *therapeia*) er behandling af <u>sygdomme</u> og skader.

Det er jo en meget bred fortolkning. Det betyder således, at mange forskellige mennesker er terapeuter. Også dem, der ikke hedder noget med terapeuter. Og nu skal du til at være din egen terapeut.

Da din depression må betegnes som svær, vil du formentlig få et tilbud om terapi. Enten som enkelt person eller i en gruppe. Det skal du tage imod. Der igennem kommer du til at samarbejde med en professionel terapeut om din helbredelse. Det er i langt de fleste tilfælde strengt nødvendigt.

Der findes mange terapiformer til helbredelse af psykiske sygdomme som f. eks. depression.
Kognitiv terapi og gestalt terapi er blot to af de mange former for terapi, som jeg kender.
Gennem disse terapiformer vil du få hjælp og værktøjer til at forstå din situation. Du vil også få værktøjer til at give dig den adfærdsændring, som resulterer i nye, positive tanker og følelser. Det er generelt set det samme, som jeg i denne bog har lært dig. Metoderne er blot en del anderledes.

Den terapiform som jeg lægger op til her, har jeg kaldt **Egoterapi.**

Du er nemlig gennem indsigt og forståelse af din egen sygdom i stand til at være din egen terapeut.

Det eneste der kan hjælpe og helbrede dig, er *dine egne tanker og dine egne følelser.* Længere er den ikke. Og det er jo ikke så ringe.

Du ved nu, at du skal have styrket dit selvværd. Du ved også, at du skal give dig selv den omsorg, du ikke fik som barn. Og det kan du godt. Du skal hjælpe dig selv til at få de tanker og følelser, der reparerer din sårede sjæl, Også det kan du.

Ingen andre kan give dig dine tanker og følelser.

Alle andre menneskers tanker og meninger om dig er helt uden betydning for din helbredelse.

Du skal heller ikke være specielt klog eller intelligent for at helbrede dig selv. Du har selv den fornødne kompetence til at klare opgaven. Det handler jo om tryghed og omsorg. Det kan alle give. Det kan du også give dig selv. Hvis du vil.

Din Mentor

Tidligere fortalte jeg dig, at du nu skal uddanne dig til et helt menneske igen. Jeg har også fortalt dig, at du kan have god brug af visse andre mennesker til at hjælpe dig med dele af denne uddannelse. Men der er en person, som jeg ikke tidligere har omtalt: Din mentor.

En mentor er en hjælpende vejleder. Mentoren skal også coache dig til at finde frem til det i dig selv, som virker for dig. Han skal hjælpe dig til at finde dine egne delmål, så opgaven ikke forekommer uoverskuelig. Han skal hjælpe dig til at bevare overblikket over din situation. Han skal hjælpe dig til at holde slutmålet for øje midt i et kaos af tanker og følelser. Han skal hjælpe dig, så du lettere kan finde dine egne løsninger på eventuelle problemer. Han har en professionel rolle, men han er også din ven.

Som din mentor (hvad jeg dog ikke er direkte) ville jeg gerne tilbringe en hel dag sammen med dig. Lige fra du vågner om morgenen, til du går i seng om aftenen. Jeg ville ikke på noget tidspunkt presse dig til at gøre noget som helst. Heller ikke til at stå op. Jeg ville spørge dagen lang. Jeg ville spørge, for at du kunne se og føle, hvad du tænkte og hvad du følte. At gøre dig bevidst, der hvor din depression har sløvet din evne til at se dig selv klart og tydeligt.

Morgenen kunne typisk starte sådan her:

- Har du lyst til at stå op?
- Hvornår vil du stå op?
- Hvad sker der, hvis du bliver liggende?
- Hvad sker der, hvis du står op?
- Hvad er det første, du vil gøre, når du er stået op?
- Hvilke er dine morgenaktiviteter?
- Hvornår slutter din morgen?
- Hvad er dine planer for dagen?

Dine svar betinger naturligvis mine spørgsmål. Rigtig mange gange vil jeg spørge, hvad du tænker lige nu. Dette bliver hver gang fulgt op med spørgsmålet om, hvilke følelser du fik ud af dine tanker. Der vil ikke på noget tidspunkt være handlinger, som ikke er OK. Heller ikke, hvis der ikke er nogen handlinger overhovedet. Det er dit liv. Jeg skal bare hjælpe dig til klarhed.

Hvor meget jeg end har lyst til denne mentor rolle, så vil jeg sandsynligvis aldrig få den. Ikke, at det ikke kan lade sig gøre, for det kan det. Hvis du selv har lyst til det. Men der er også en anden mulighed. Den er måske mere realistisk.

Du kan være din egen mentor. Hvad siger du til det? Lyder det spændende eller afskrækkende? Eller lyder det helt enkelt som en umulig opgave for dig lige nu?

Hvis du i mine "morgenspørgsmål" erstatter "du" med "jeg", så er du allerede i gang. Så ser opgaven også lidt lettere ud. Den forekommer dig måske også mere relevant.

Du behøver ikke at køre alle dage på den måde. Du kan selv tage initiativet til at vælge en dag i ugen, hvor du også vil være din egen mentor. Det behøver heller ikke at vare hele dagen. Jeg vil dog råde dig til altid at starte med morgenen, fra du vågner. Det er lidt af et psykisk fitness program. Du træner dig selv i at være bevidst om dine handlinger, dine tanker og dine følelser. Som med et traditionelt fitness program, vil du gradvist blive bedre og bedre til det. På et tidspunkt, vil det være så naturligt for dig, at det er blevet en del af din normale personlighed. Så vil mentorens rolle være udspillet som værende overflødig. Du er simpelt hen kommet i fuld kontakt med dig selv. Der vil ikke mere være noget "der bare skete" for dig. Dine handlinger vil være bestemt af dine behov og din vilje.

Tro nu ikke, at du derved har mistet noget af din spontanitet. Den er fuld ud intakt. Du kan både lege, slappe af, være ustruktureret kreativ o.s.v. Alt, du behøver at gøre, er at sige til dig selv: "Nu vil jeg lege"! Eller hvad med: "Nu vil jeg nappe en "morfar" i ½ time"!

Du kan aldrig sige: "Nu vil jeg gøre ingenting"! For når du ikke "laver" noget, så laver du noget alligevel. Du slapper af, eller driver den af, eller hvad du nu selv vil kalde det. Kan du se det?

Det samme gælder, når du skal vælge. Vælger du ikke noget bestemt, så vælger tiden for dig. Både dine valg og dine "ikke valg" har en konsekvens.

Men – som sagt – du kan sagtens være din egen mentor.

Endelig kan det kombineres med både en ekstern mentor og dig som din egen mentor.

Alkoholiker narkoman

Jeg har følt det naturligt at tage disse emner op i sammenhæng med depression.

Først og fremmest fordi, jeg gennem hele mit voksenliv har haft et kraftigt forbrug af alkohol.

Min oprindelige medicinering med antidepressiver fungerede ikke tilstrækkeligt godt. Jeg følte, at jeg havde brug for et frikvarter i hjernens depressive aktivitet. For mig var alkohol den nemmeste vej til at opnå det. Før depressionerne for alvor tog fart, var det mere for at stive min manglende selvtillid af. Som sådan hjalp det da også. Men det havde en bagside, som var uønskværdig.

Indtagelse af alkohol giver automatisk tab af egenkontrol. Det havde jeg bestemt ikke brug for.

Men når du slipper kontrollen over dig selv, så får du uvægerligt også en ændret adfærd. Først og fremmest begynder du at sige ting til andre mennesker, som du ellers aldrig ville have sagt. Det er tit meget ubehagelige ting, der nu kommer ud. Dit filter for, hvordan du normalt ville have sagt tingene, er også smuttet. Har du normalt trang til at hævde dig, for eksempel gennem praleri, så bliver dette forstærket helt abnormt. Så er der i hvert fald ingen, der kan se, at du lider af mindreværdskomplekser. Tværtimod.

Du tror nu også lige pludselig, at du kan meget mere fysisk, end du er i stand til. Det kan få meget kedelige følger. Af de mere harmløse eksempler kan jeg bl.a. nævne, at jeg er faldet med min cykel.

Jeg har også i utallige tilfælde kørt bil i mere eller mindre påvirket tilstand. De fleste gange er det da gået godt; men ikke altid. **"Det er i hvert fald ikke min skyld, da min realitetssans var drukket væk"**! Jeg takker i dag for, at jeg aldrig har gjort skade på mennesker i denne sammenhæng.

Det har også været en hård økonomisk belastning med mit spiritusforbrug. Især da jeg havde hjemmeboende børn. Jeg tænker med skam på, hvad og hvor meget jeg kunne have gjort for mine børn med alle de penge, der gik til spiritus. Sultet har de dog aldrig. Og sund, regelmæssig kost har de også fået. Men alligevel.

Mit drikkeri har også i utallige tilfælde gået ud over mine kærester. Både ved min pinlige adfærd, men også gennem ansvarsløs ligegyldighed over for aftaler. Oven i skal jeg lægge alle skænderierne, som kunne være grove og indeholde fysiske konfrontationer.

Jeg kunne tage mange, mange flere dårlige sider frem; men lad det være nok for denne gang.

Med mindreværd og depression føler du også et behov for at flygte fra den hverdag, som du ikke kan holde ud. Her virker alkohol i nogen udstrækning. Men dit sind kan lige så godt ryge ned i et dybt, sort hul af depression, sorg og selvmedlidenhed. Det har du nok oplevet af og til. Det gør også ondt. Men det er værre endnu.

Alkohol forstærker din depression. Ikke når du drikker en øl, men når du drikker så meget, at "det hjælper". Du vil uvilkårligt få dårlig samvittighed over dit drikkeri, når virkningen fortager sig. En dårlig samvittighed er endnu et dybt sår, som du tilføjer dit selvværd. Det er ikke til at holde ud, så nu må du have lidt at drikke. Ah – det hjalp! Så kører rouletten igen.

Jeg har nu ikke drukket alkohol siden april 2011. Aldrig. Det har jeg det godt med. Hvordan gik det til?

Jeg var i terapi hos en psykiater med to problemer, der skulle angribes: Min depression og mit alkoholmisbrug. Jeg var midt i forløbet, ca. to måneder henne, da jeg gennem kognitiv terapi indså, at alkohol var min flugt fra virkeligheden. Så satte jeg mig ned derhjemme for at gøre status over mit problem. Jeg opremsede alle de positive og de negative sider ved mit misbrug. Vægtskålen med de negative sider knaldede i bund med et højt brag. Vægtskålen med de positive sider svævede højt i luften med bare en ting: Flugten. Jeg kom så til den kognitive erkendelse, at virkeligheden var som min krop: Jeg kunne aldrig flygte fra den. Da jeg ikke kunne flygte fra den, og den ikke kunne ændres til det bedre af mit alkoholmisbrug, hvorfor så prøve at flygte? Da jeg fik taget alt dette ind i min psyke, fik jeg dannet de realistiske, gode tanker, der førte til de tilsvarende gode følelser. Så jeg sagde til mig selv, at nu ville jeg stoppe med alkohol for resten af livet.

Det var blevet en nem beslutning at tage. Jeg kunne nu stoppe med at skade mig selv yderligere med den dårlige adfærd. Det var en ubeskrivelig stor lettelse for mig. Det har det også været for min omgangskreds, ikke mindst min kæreste. Jeg havde intet behov for antabus eller afvænningskur. Jeg får aldrig tilbagefald. For min beslutning er forankret i virkeligheden og ikke i drømmeland, hvor jeg bare ville ønske at o.s.v.

Narkotika er en helt anden sag. Eller er den? På nogen måder er den i hvert fald anderledes. Den koster fantastisk mange flere penge. Du kan heller ikke købe det i supermarkedet, og er derfor afhængig af en pusher. Dødeligheden som narkoman er uhyggeligt meget større end som alkoholiker. Der er mange alvorlige relaterede sygdomme blandt narkomaner. Rusen fjerner dig totalt fra virkeligheden. Store dele af din tid går med spekulationer og stræben efter at skaffe det næste fix. Og pengene til det. Du er tilbøjelig til at lade dine børn i stikken, da de ofte er helt væk fra dine tanker.
Jeg vil ikke kratte mere i det sår. Men det er stadigvæk en flugt. Dette er uafhængigt af hvilket narkotikum eller euforiserende middel, du anvender.

Min mission med dette afsnit er ikke at komme med løsninger. De kan kun komme fra dig selv og din egen vilje. Men du kan have alvorligt brug for hjælp. Og hjælpen findes. Du kommer dog kun i gang ved at sige: *Jeg vil!*

Afrunding

Da du nu har været igennem denne bog, er årsagen til din depression ikke mere ukendt. Og det er godt. Nu ved du både hvordan monsteret ser ud, og hvordan det blev skabt.

Det ene, store spørgsmål, der er tilbage er: Hvorfor brød din depression ud netop nu? Her har jeg ingen mulighed for at hjælpe dig. Men er det ikke også uden betydning. Du ved nu, hvad der fik den til at opstå. Du ved også nu, hvordan du skal bekæmpe den.

Men det allerbedste er, at når du har helbredt dig selv for din depression, **så kan den aldrig komme igen**. Det kan den ikke, fordi du har fjernet dens eksistensgrundlag. Du har ikke mere gnist af tvivl om dit eget værd. Det er alt, hvad du behøver, for at holde angreb på dit selvværd fra livet. Dit skjold omkring dit selvværd, omkring din sjæl, omkring din psyke, din SVIM, er gjort skudsikkert. Der er simpelt hen ingen huller, hvor angrebene kan trænge igennem.

Måske kan en eller flere af de andre depressionsformer helt eller delvist helbredes ved denne eller en lignende, tilpasset Egoterapi. Det vil jeg lade sagkundskaben afgøre.

Dette er både en glædelig og smertelig del af min bog til dig. Jeg føler glæde ved at have at have givet dig noget, som jeg ved, vil hjælpe dig tilbage til livet igen. Jeg føler også glæde ved at have skabt noget, som jeg synes er godt. Og jeg føler glæde ved at have samlet mine tanker, følelser og erfaringer til noget brugbart og værdifuldt.

Jeg føler smerte ved at skulle sige farvel til dette værk. Men det er nødvendigt. Det skal forlade mig og komme ud til dig. Det er jo det største formål med at skrive denne bog. Jeg føler samtidig en lille smerte ved at vide, at jeg kunne have gjort dele af dette anderledes. Jeg kunne måske have "ramt" din sjæl bedre. Men alligevel vil jeg sige: Bogen er perfekt, for jeg kunne ikke have gjort det hverken bedre eller anderledes - nu.

Min egenudviklede terapiform – Egoterapi – vil give den hurtigste vej til forbedringer og helbredelse, hvis jeg kan være sammen med dig i et terapiforløb. Det skyldes, at du nok ikke kan undgå at have spørgsmål, som kræver besvarelse. Jeg tilbyder da også terapi gennem konsultationer. Der skal ganske få konsultationer til, før du vil være fuldstændig selvhjulpen. Du skal i hvert fald vide, at mit tilbud til dig er der, og det er dybfølt.

Du kan sagtens være i stand til at klare dig uden mig. Alt, der kræves af dig er, at du bruger denne bog, som jeg har beskrevet, den skal bruges. Roligt, grundigt og tålmodigt. Som et tænkende og følende menneske. Fordi du kan. Fordi du vil være rask. Fordi du vil være fri igen.

God arbejdslyst!

maj 2013
Kjeld Reby Løren   E-mail   akloeren@privat.dk